AF591683

NEUVAINE ET VIE

DE

SAINTE GENEVIÈVE

PAROISSE SAINT-ÉTIENNE-DU-MONT

NEUVAINE ET VIE

DE

S[TE] GENEVIÈVE

PARIS

SOYE ET FILS, IMPRIMEURS

PLACE DU PANTHÉON, 5

—

1880

Paris. — E. de Soye et Fils, imp., pl. du Panthéon, 5.

PAROISSE SAINT-ÉTIENNE-DU-MONT

NEUVAINE ET VIE

DE

S^TE GENEVIÈVE

PARIS

E. DE SOYE ET FILS, IMPRIMEURS

5, PLACE DU PANTHÉON, 5

—

NEUVAINE DE SAINTE GENEVIÈVE

A L'ÉGLISE

SAINT-ÉTIENNE-DU-MONT

Ordre des Offices

A 6 heures, la première messe. (Les messes se succèdent de demi-heure en demi-heure.)

A 9 heures, messe de l'Institut des Dames de Sainte-Geneviève avec instruction.

A 11 heures, grand'messe, — instruction, — procession, — station au Tombeau, — bénédiction du Saint-Sacrement.

A 3 heures 1/2, chant des Litanies (page 9), — sermon, — salut solennel, — station au Tombeau, — vénération des Reliques.

INDULGENCES

POUR LA VISITE DU TOMBEAU DE S. GENEVIÈVE

1. Indulgence plénière le premier et le dernier jour de la Neuvaine, et un jour, au choix, pendant la Neuvaine.

2. Indulgence de cinquante jours pour chaque visite au Tombeau. (Cinq *Pater*, *Ave* et *Gloria Patri*, etc.)

NEUVAINE ET VIE
DE
SAINTE GENEVIÈVE

PREMIER JOUR

Saint Germain d'Auxerre et sainte Geneviève

Remontons le cours des siècles. Arrêtons-nous vers l'an 429 dans un petit village des environs de Lutèce. Il est en fête et sous l'influence d'une émotion insolite ; les habitants ont revêtu leurs costumes des grands jours, ils se pressent au seuil de leurs chaumières, joyeux de l'honneur qu'ils attendent.

Voyez-vous ce cortège qui s'avance vers la modeste bourgade ? C'est celui de deux grands personnages, de deux saints évêques de la Gaule : Germain d'Auxerre et Loup de Troyes ; ils sortent de Lutèce pour se rendre aux rivages de la mer, et le bruit a couru qu'ils vont séjourner à Nanterre! Les deux prélats traversent le village d'un pas lent et mesuré, bénissant cette foule émue prosternée devant eux.

Mais voilà que saint Germain s'arrête au milieu d'un groupe de robustes campagnards: il a distingué une enfant au profil délicat, aux regards angéliques. Frappé de sa candeur, il la contemple avec intérêt : ce front pur reflète autre chose que l'innocence des premières années; une âme ardente illumine ce doux visage. Le Pontife fait approcher la petite fille, lui parle avec bonté et, lisant dans ses yeux limpides la haute destinée qui lui est réservée, il se tourne vers son père et sa mère pour les féliciter de posséder un pareil trésor : « Sa naissance, leur dit-il, a dû réjouir les anges du ciel; elle sera grande devant Dieu, et l'exemple seul de sa vie détournera du mal de nombreux pécheurs. »

Cette enfant bénie était sainte Geneviève.

MÉDITATION

Confiance que nous devons avoir en sainte Geneviève.

Sainte Geneviève a bien réalisé cette prophétie de saint Germain d'Auxerre. Elle fut grande devant Dieu pendant sa vie; elle est grande aujourd'hui devant Dieu dans le ciel, et voilà pourquoi depuis plus de douze cents ans les générations viennent tour à tour s'agenouiller au pied de son tombeau.

Plusieurs faits nous montreront dans le cours de cette vie, que Dieu semble ne pouvoir rien refuser aux prières de la sainte. On serait tenté de croire qu'insensible, en quelque sorte aux prières que lui adressent les coupables qu'il châtie, il cesse d'appesantir sa main sur eux, lorsque sainte Geneviève intercède en leur faveur. Le plus grand exemple de ce genre est le miracle des Ardents.

En 1129, une maladie jusqu'alors inconnue ravagea Paris et une grande partie de la France; on la désigna sous le nom de *feu sacré* ou de *mal des ardents*, parce que, disent les historiens, les malheureux qui en étaient atteints sentaient leurs membres brûlés, dévorés par une sorte de feu qui les conduisait à la mort après d'horribles souffrances. Prières, processions tout fut inutile. On eut recours à sainte Geneviève : ses reliques furent portées solennellement en procession à Notre-Dame, où cent trois malades s'étaient réfugiés ; cent furent guéris par le seul contact de la châsse ; l'épidémie cessa non seulement à Paris, mais dans toute la France. L'année suivante Innocent II ordonna que l'anniversaire de ce prodige serait célébré dans le diocèse de Paris le 26 novembre.

Pourquoi ces trois malades ne furent-ils pas guéris ? Sans doute parce que leur foi n'était pas assez vive. Si nous voulons être exaucés, il faut que nous ayons confiance en sainte Geneviève. Elle est toute puissante auprès de Dieu. Disons lui donc avec nos pères : *sancta Genovefa, urbis et Galliæ patrona, ora pro nobis.*

Sainte Geneviève, patronne de Paris et de la France, priez pour nous.

LITANIES DE SAINTE GENEVIÈVE

Kyrie, eleyson	Seigneur, ayez pitié de nous.
Christe, eleyson	Christ, ayez pitié de n.
Kyrie, eleyson	Seigneur, ayez pitié de nous.
Pater de cœlis, Deus	Père céleste, qui êtes Dieu
Fili, redemptor mundi, Deus	Fils, rédempteur du monde, qui êtes Dieu
Spiritus Sancte, Deus	Esprit saint, qui êtes Dieu
Sancta Trinitas, unus Deus	Trinité sainte, qui êtes un seul Dieu
Sancta Maria, virgo Dei genitrix	Sainte Marie, vierge, Mère de Dieu
Sancta Genovefa, Patri acceptissima	Sainte Geneviève, si agréable à Dieu le Père
— Christo gratissima	— Si aimée de Jésus-Christ
— Spiritui dilectissima	— Si chérie du Saint-Esprit
— Mariæ dulcissima	— Les délices de Marie
— Orationi addictissima	— Modèle d'oraison
— Austeritate severa	— Modèle d'austérité
— Puritate mundissima	— Modèle de pureté
— Erga parentes piissima	— Modèle de piété filiale
— Calumniis impetita	— Modèle de résignation dans les calomnies
— Variis virtutibus adornata	— Modèle de patience dans les injures
— Injuriarum patientissima	— Modèle de toutes les vertus

Ora pro nobis.

Priez pour nous.

— Terreur des Huns	— Hunno terribilis
— Secours de la ville assiégée	— Urbis obsessæ præsidium
— Urbis in fame nutrix	— Secours dans la famine
— Urbis in peste medela	— Secours dans la peste
— Segetis ab æstu umbraculum	— Protectrice des moissons contre la chaleur
— Nimio ab imbre tutela	— Protectrice contre la pluie
— In tempestate et undis receptaculum	— Protectrice contre la tempête et les inondations
— Promptum in adversis auxilium	— Protectrice dans l'adversité
Ora pro nobis.	Priez pour nous.
— Lætum secundis in rebus incrementum, ora pro nobis.	— Bonheur nouveau dans la prospérité,priez pour nous.
— Patrona nostra singularis, ora pro nobis.	— Notre patronne toute spéciale,priez pour nous.
— Urbis et Galliæ patrona, ora pro nobis.	— Patronne de Paris et de la France, priez pour nous.
Agnus Dei, qui tollis peccata mundi, parce nobis, Domine.	Agneau de Dieu, qui effacez les péchés du monde, soyez-nous favorable, Seigneur.
Agnus Dei, qui tollis, peccata mundi, exaudi nos, Domine.	Agneau de Dieu, qui effacez les péchés du monde, exaucez-nous, Seigneur.
Agnus Dei, qui tollis peccata mundi, miserere nobis.	Agneau de Dieu, qui effacez les péchés du monde, ayez pitié de nous.
Christe, audi nos.	Christ, écoutez-nous.
Christe, exaudi nos.	Christ, exaucez-nous.

℣. Factus es susceptor meus, Domine.

℟. Adjutor meus tibi psallam.

OREMUS

Deus, qui beatam virginem Genovefam ab infantia deduxisti per vias rectas, et eam miraculorum gratia, ad plebis tuæ præsidium decorasti, deduc nos in semitam mandatorum tuorum ut auxiliis temporalibus, ipsa intercedente, non destituti, bona æterna toto corde concupiscamus. Per Christum Dominum nostrum — Amen.

℣. Seigneur, vous vous êtes déclaré mon protecteur.

℟. Soyez béni pour l'appui que vous m'avez donné.

PRIONS

O Dieu, qui avez conduit dès son enfance la bienheureuse vierge Geneviève par les sentiers de la justice, et qui, pour les besoins de votre peuple, lui avez accordé la gloire des miracles, conduisez-nous dans les sentiers de vos commandements, afin que, par son intercession pourvus des dons nécessaires à la vie temporelle, nous désirions de tout notre cœur les biens éternels : par Jésus-Christ Notre-Seigneur. — Ainsi soit-il.

(Ps. LVIII, 20, 21.)

NOTA. — Ces litanies, qu'on chante chaque jour de la Neuvaine à l'office de 3 heures 1/2, sont celles que récitaient les Génovéfains dans la basilique de Sainte-Geneviève.

SECOND JOUR

Sainte Geneviève se consacre à Dieu. — Elle guérit sa mère.

« Ma fille, ajouta saint Germain en s'adressant à l'enfant voulez-vous être consacrée à Jésus-Christ ? »

« Oui, répondit Geneviève, dont le cœur palpite déjà d'amour pour Dieu ; oui, si toutefois je ne suis pas indigne de cette faveur. »

Les prélats se dirigent alors vers l'église, au chant des psaumes et des cantiques; Geneviève marche auprès de saint Germain, car lui-même l'a voulu. On récite nones et vêpres; pendant tout ce temps l'évêque d'Auxerre tient constamment sa main sur la tête de Geneviève.

Le lendemain, après l'office solennel, saint Germain rappelle encore une fois l'enfant prédestinée; il veut la bénir dans un dernier adieu.

« Serez-vous fidèle aux engagements que vous avez pris ? lui demanda-t-il. »

« Je l'espère, répond Geneviève, si la grâce de Dieu me soutient. »

« Ayez confiance, ma fille, agissez avec courage, professez dans vos œuvres ce que vous confessez de bouche et n'oubliez jamais les bienfaits du Très-Haut. »

Au moment où la jeune vierge allait s'éloigner, l'évêque remarqua sur le sable une médaille frappée à l'effigie de la croix; il voulut la donner à Geneviève.

« Recevez ce gage de mon amitié, lui dit-il, et portez-la toujours à votre cou; laissez aux filles mondaines l'éclat de l'or et des pierreries; pour vous, qui avez été consacrée à Jésus Christ, ne cherchez qu'à parer votre âme de vertus. »

Puis confiant Geneviève à la sollicitude de ses parents, il la leur recommanda avec instance, comme s'il regrettait de laisser à des mains vulgaires la perle précieuse que Dieu s'était réservée.

Les craintes de saint Germain ne tardèrent pas à se justifier : Géronce, la mère de Geneviève, partit seule un jour pour assister à l'office; l'enfant suivit sa mère et la pria de l'emmener : « N'ai-je pas promis au saint évêque, lui dit-elle, de fréquenter l'église afin de mériter le titre d'épouse de Jésus-Christ ? » Géronce, irritée, lui répondit par un soufflet. Aussitôt une effrayante obscurité l'enveloppe, sa main tremblante cherche un guide. Géronce est aveugle, et ne peut plus se conduire !

Pendant près de deux ans cette mère coupable resta sous le coup de la vengeance divine, jusqu'à ce qu'enfin, se souvenant des paroles de saint Germain, elle comprit sa faute et résolut d'en obtenir le pardon par l'entremise de sa fille. Elle pria Geneviève d'aller tirer de l'eau ; l'enfant se hâte, mais au souvenir de l'affliction de sa mère, elle s'accoude sur la margelle du puits et fond en larmes. Le Seigneur touché de son amour filial, allait la consoler par un miracle ; en effet, Géronce prend pieusement de l'eau sur laquelle sa fille a fait le signe de la croix, s'en frotte les yeux et recouvre la vue.

MÉDITATION

Nécessité de la piété.

Qu'ils sont coupables les parents qui empêchent leurs enfants de pratiquer leurs devoirs de religion ! qui les détournent de la confession, de la communion, des catéchismes, des offices et des instruction de l'Église ! S'ils doivent veiller sur la piété naissante de leur fils ou de leur fille, ce n'est que pour la diriger, la développer, la fortifier et non pour l'arrêter ou l'éteindre.

Notre premier devoir à tous est de servir Dieu. Notre bonheur ou notre malheur éternel en dépendent. Rien ne doit donc nous détourner de ce service, ni la prospérité, ni les malheurs, ni les scandales des pécheurs, ni les discours des impies, ni le monde avec ses railleries ses menaces, ses promesses ou ses persécutions. Nous sommes faits pour Dieu.

Il n'est pas nécessaire que je sois au monde... mais, puisque j'existe, il est nécessaire que je serve Dieu, que j'apprenne à le connaître et à pratiquer ses commandements.

Je dois aussi contribuer, autant que je le puis, à le faire connaître, aimer et servir par tous ceux qui m'entourent.

Récitez les *Litanies* page 9, et la *Prière* page 61.

TROISIÈME JOUR

Résignation de sainte Geneviève dans les épreuves

Geneviève était jeune encore lorsqu'elle perdit ses parents. Se rendant alors aux vives instances de sa marraine, elle dit adieu à son pays natal et vint habiter Lutèce. Elle y renouvela ses vœux en recevant solennellement le voile des mains de l'évêque. A dater de cette époque, sa vie nous est mieux connue; Geneviève nous apparaît déjà comme la sauvegarde et la protectrice de notre cher Paris. Au milieu des tristesses et de la décadence d'un siècle barbare, elle nous offre le modèle des plus hautes vertus : humble et mortifiée, vouée à la prière et à la pénitence, elle joint à la douceur chrétienne la force et l'audace sainte d'un patriotisme éclairé ; pauvre parce qu'elle l'a voulu, elle sait venir en aide aux indigents ; tout ce qui souffre trouve en elle un secours, et les rois eux-mêmes craignent de lui résister.

Dieu qui voulait éprouver sa servante, lui réservait de cruelles souffrances.

Elle vivait depuis peu à Lutèce lorsqu'elle fut atteinte d'une paralysie si violente que ses membres raidis lui refusaient tout service. Pendant trois jours l'excès du mal fut tel que son corps inerte semblait inanimé : ses joues faiblement colorées indiquaient seules que la vie ne l'avait pas abandonnée.

De retour à la santé, Geneviève avoua à ceux qui l'entouraient qu'elle avait été transportée par un ange dans le séjour des élus et qu'elle y avait vu la récompense préparée pour ceux qui aiment Dieu et le châtiment réservé à ceux qui l'offensent. Ces paroles, redites de bouche en bouche, firent sourire de pitié les esprits forts de la ville. Geneviève fut traitée de visionnaire et l'opinion publique, inconstante à toute époque, se tourna contre elle après l'avoir exaltée.

Sur ces entrefaites le pieux évêque d'Auxerre entreprit un second voyage en Grande-Bretagne; il passa par Lutèce et son premier soin fut de s'informer de Geneviève. Il comprit, aux réponses qu'on lui fit, que sa réputation avait souffert des traits de la calomnie, et, ne doutant pas de sa vertu, il se fit conduire à sa demeure. Il la trouva priant et pleurant devant le Seigneur. Germain lui donna publiquement les marques de la plus haute estime; il fit remarquer à ceux qui l'accompagnaient la terre qu'elle avait détrempée de ses larmes, et ne se sépara d'elle qu'après l'avoir instamment recommandée au peuple.

Le témoignage du saint évêque fit impression sur les détracteurs de Geneviève: on n'osa plus médire d'elle. D'ailleurs tout était si admirable dans sa manière de vivre, qu'il fallait l'astuce de Satan pour s'en scandaliser.

MÉDITATION

De la résignation avec laquelle nous devons supporter les souffrances.

A peine pouvons-nous faire un pas dans le chemin de la vie sans qu'une douleur s'élance sur nous comme sur la proie qu'elle attendait. Tantôt elle dévaste notre esprit, tantôt elle déchire et ronge notre cœur, tantôt enfin elle fait de notre corps un véritable instrument de supplice. Rappelons-nous alors ce que Notre-Seigneur disait un jour à sainte Thérèse : « Penses-tu, ma fille, que le mérite consiste à jouir? non, mais à travailler, à souffrir et à aimer. Tu n'as vu nulle part que saint Paul ait goûté plus d'une fois les délices du ciel, tandis qu'il a eu très souvent à souffrir. Considère encore ma vie, elle n'a été que souffrance : tu n'y trouves qu'une heure de bonheur, celle du Thabor. Garde-toi de croire, quand tu contemples ma Mère me tenant dans ses bras, que des joies si douces fussent exemptes d'un cruel martyre; dès qu'elle eut entendu les paroles de Siméon, mon Père l'éclaira pour lui montrer tout ce que j'aurais à souffrir... crois-le, ma fille, les âmes les plus chéries de mon Père sont celles à qui il envoie le plus d'épreuves ; et la grandeur de ces épreuves est la mesure de son amour. En quoi te puis-je mieux montrer le mien, qu'en choisissant pour toi ce que j'ai choisi pour moi-même ? Regarde ces plaies, jamais tes douleurs n'arriveront jusque-là. Voilà le chemin de la vérité. Quand tu l'auras bien compris, tu m'aideras à pleurer la perte de ces esclaves du monde dont tous les désirs, tous les soucis, toutes les pensées ne tendent qu'à un terme tout contraire. »

Seigneur faites-moi comprendre le prix de la souffrance.

Récitez les *Litanies* page 9, et la *Prière* page 61.

QUATRIEME JOUR

Sainte Geneviève protège Paris contre les Huns

Depuis sa quinzième année elle ne rompit jamais le jeûne que le dimanche et le jeudi ; elle se nourrissait d'un pain d'orge grossier et de fèves qu'elle mangeait deux ou trois semaines après leur cuisson ; elle ne buvait ni vin, ni liqueur qui pût enivrer. A l'âge de cinquante ans, d'après le conseil des évêques auxquels elle était en tout point soumise, elle commença à joindre du poisson et du lait à son pain d'orge. Chaque fois qu'elle levait les yeux au ciel, elle versait des larmes de désir et d'amour ; la pureté de son cœur lui permettait sans doute d'entrevoir la gloire céleste et Jésus son divin époux. Toutes les vertus, dit son biographe, lui formaient un brillant cortège. Elle était sans cesse entourée des douze vierges spirituelles qu'Hermas cite dans son ouvrage : la Foi, l'Abstinence, la Patience, la Magnanimité, la Simplicité, l'Innocence, la Concorde, la Charité, la Discipline, la Chasteté, la Prudence et la Vérité. L'éclatante sainteté de Geneviève devait bientôt se manifester. Attila, le chef de ces hordes féroces qui ravageaient la Gaule, se rapprochait du Nord après avoir dévasté l'est et le centre. Lutèce, effrayée de la cruauté des Huns, se sentit sans force et sans courage en face du danger qui la menaçait ; ses habitants parlaient de fuir, de se réfugier dans des places plus fortes et d'y cacher leurs trésors. Geneviève blâma cette prudence humaine : « Ayez foi, disait-elle, dans le Dieu très-haut ; les villes que vous croyez imprenables souffriront plus que la vôtre ; Lutèce, protégée du Christ sera sauvée ; gardez vos biens et défendez vos foyers. » Puis elle persuade aux femmes de se livrer aux jeûnes et aux veilles ; elle les rassemble en grand nombre et s'enferme avec elles dans le baptistère. Les citoyens, aux projets desquels cet expédient met obstacle, s'insurgent contre Geneviève, la traitent de fausse prophétesse; ils s'excitent mutuellement et délibèrent entre eux de quel genre de mort ils la feront périr. On parlait de la lapider ou de la noyer dans le fleuve lorsqu'un archidiacre d'Auxerre, passant au lieu du conciliabule, entendit le complot et parvint à le déjouer.

« Gardez-vous, s'écria-t-il, du crime que vous parlez de commettre; celle dont vous méditez la mort, a été choisie de Dieu dès le sein de sa mère; c'est le témoignage de notre saint évêque Germain; il se souvint d'elle avant de mourir et voici les eulogies qu'il m'a chargé de lui remettre. »

Ces paroles ramènent les habitants de Lutèce au sentiment de leur devoir; le souvenir de saint Germain les fait rougir de leur lâcheté; ils reconnaissent que Geneviève est bien la fidèle servante du Seigneur et consentent à lui obéir. Attila, par un dessein providentiel, s'éloigna de Lutèce sans l'avoir attaquée.

MÉDITATION

De la Mortification.

La mortification est absolument nécessaire. Point de vie chrétienne possible sans mortification.

Quelle est pour un chrétien l'œuvre de la mortification? L'œuvre de la mortification est de poursuivre en nous-mêmes le péché, — d'en arrêter le cours, — d'en prévenir les fruits, — d'en étouffer les germes, — d'en combattre tous les principes, pour enfin l'abolir et l'anéantir.

Quand je médite chacun de ces mots, je comprends facilement la nécessité de la mortification.

La mortification n'est pas seulement la sobriété; elle va plus loin : elle cherche en notre cœur jusqu'aux mauvaises dispositions que le péché y a laissées et elle les combat par la pratique des vertus qui leur sont opposées. Celui qui se sent poussé vers l'orgueil est mortifié en faisant des actes d'humilité. Celui qui s'irrite aisément, en faisant des actes de douceur, etc... Ainsi la croix de Notre-Seigneur Jésus-Christ s'imprime sur nous, et nous sommes de vrais chrétiens.

Récitez les *Litanies* page 9, et la *Prière* page 61.

CINQUIÈME JOUR

Sainte Geneviève fait bâtir une église en l'honneur de saint Denis

Connaissant le prix de la foi chrétienne, Geneviève avait une tendre dévotion pour l'apôtre qui en dota Paris et elle aimait singulièrement le bourg où la tradition place le lieu du martyre et de la sépulture de saint Denis. Tandis qu'elle priait sur la terre arrosée d'un sang glorieux, son âme se dilatait dans une pensée d'ardente reconnaissance qui lui fit concevoir le projet d'élever une basilique en l'honneur de saint Denis, de saint Rustique et de saint Eleuthère. La vierge de Nanterre ne possédait rien, mais ceux qui se confient en Dieu opèrent des prodiges ; elle le savait et ne se troubla point de sa propre impuissance. Le clergé de Lutèce venait quelquefois s'édifier auprès de Geneviève ; elle profita d'une de ces visites pour exprimer son désir : « Mes vénérables Pères en Jésus-Christ, dit-elle, je vous conjure de faire une collecte parmi les fidèles, afin de construire une église en mémoire de saint Denis ; le lieu où il a souffert pour affirmer sa foi est terrible et saint : il ne doit pas être exposé à la profanation. — Votre pensée est pieuse, répondirent les prêtres ; nous serions heureux de nous associer à vos plans ; mais les moyens nous manquent : nous n'avons, par exemple, aucune ressource pour cuire la chaux indispensable à une pareille entreprise. » — Le visage de Geneviève s'éclaira soudain d'un rayon divin ; inspirée par l'esprit de Dieu : « Je vous prie, dit-elle aux prêtres, retournez maintenant à Lutèce, suivez le pont qui mène à la cité et ce que vous aurez entendu vous viendrez me le dire. » Les membres du clergé s'inclinèrent devant celle qu'ils regardaient comme une sainte ; tout en s'étonnant de l'étrangeté de sa recommandation, ils y obéirent scrupuleusement.

Or Paris, ce grand Paris dont nous

sommes si fiers, était alors circonscrit dans les limites étroites d'une île de la Seine, et, ce qui mortifie davantage notre orgueil, c'est qu'il faut avouer que les rues de cette noble ville étaient si peu pavées que les pasteurs y faisaient paître leurs troupeaux.

Ces braves gens causaient deux à deux et l'un disait à l'autre : tandis que je cherchais ce matin l'endroit où je pourrais amener mon troupeau, j'ai trouvé un four à chaux d'une excessive grandeur.

— Vraiment, répondit le second, cela ne me surprend pas, car je voyais dernièrement dans la forêt un arbre renversé par le vent; sous ses racines j'ai découvert un four à chaux qui n'a certainement jamais servi.

Les prêtres de Lutèce, entendant ces paroles, portèrent leurs regards vers le ciel, bénissant Dieu des grâces qu'il accordait à sa servante. Ils questionnèrent avec soin les pasteurs au sujet des fours à chaux et, bien renseignés, ils retournèrent auprès de Geneviève.

La sainte les écouta avec une joie ineffable, le sourire sur les lèvres, des pleurs dans les yeux ; puis, lorsqu'elle fut seule, elle tomba agenouillée sur la terre de sa cellule et passa toute la nuit en prières, demandant au Seigneur de continuer ses bienfaits, de lui prêter secours, d'édifier enfin une basilique en l'honneur de saint Denis.

Les intentions de Geneviève furent bientôt connues, l'autorité ecclésiastique les approuva ; un prêtre nommé Génésius fut chargé de présider aux travaux. Les habitants de la ville, animés d'une pieuse émulation, contribuèrent de tout leur pouvoir au succès de l'entreprise ; les riches citoyens donnèrent leur or ; les plus humbles donnèrent leur temps et leurs forces.

Dieu prouva par un miracle combien cette œuvre lui était agréable ; les charpentiers, rassemblés dans la forêt, travaillaient le bois nécessaire à la construction : les uns le coupaient et l'équarrissaient, les autres le transportaient péniblement du chantier aux chariots ; le labeur était rude et la fatigue altérait les ouvriers, lorsqu'à leur grand désappointement le breuvage manqua dans le petit tonneau qu'ils avaient apporté. Il y eut sans doute un commencement de sourde révolte, des murmures de mécontentement contre une besogne difficile, puisque Génésius jugea urgent d'envoyer quérir sainte Geneviève pour qu'elle persuadât aux charpentiers de se procurer de la boisson à la ville. Geneviève usa d'un moyen plus persuasif, elle se fit apporter la cuve vide ; se jetant à genoux, elle fondit en larmes. C'était là une éloquente prière, le Seigneur n'y pouvait résister ; l'humble vierge sentit qu'elle serait exaucée : elle se releva, fit le signe de la croix sur la cuve ; celle-ci s'emplit jusqu'au bord ; elle ne tarit point tant que durèrent les travaux de la basilique ; tous ceux qui venaient s'y désaltérer admiraient cette merveille et rendaient gloire à Dieu.

MÉDITATION

Retour sur nous-mêmes.

Me voici au milieu de ma neuvaine qui doit être pour moi une retraite. — Le but de ma neuvaine est d'obtenir de Dieu une grâce. Il ne me l'accordera que si je suis son ami et disposé à me soumettre à sa volonte sainte.

Or qu'ai-je été dans le passé ? souvent l'ennemi de Dieu par le péché. — Ai-je bien confessé mes fautes? — en ai-je reçu l'absolution ? — suis-je maintenant en état de grâce ?

Qu'ai-je à faire aujourd'hui pour me conserver dans l'amitié de Dieu? — Quels sont mes devoirs de chaque jour? — Comment puis-je les accomplir chrétiennement?

C'est en promettant à Dieu de le bien servir que j'attirerai sur moi ses bienfaits.

Enfin suis-je disposé à me soumettre à sa volonté, à me résigner, à ne point laisser échapper une seule parole d'amertume si je n'obtiens pas la grâce que je sollicite? Dieu est un bon père, mieux que nous il sait ce qu'il nous faut. — S'il nous refuse une grâce, il nous en accorde une autre plus utile et que nous ne songions peut-être même pas à lui demander.

Récitez les *Litanies* page 9, et la *Prière* page 61.

SIXIÈME JOUR

Miracles de sainte Geneviève, ses voyages à Lyon, à Meaux. — Childéric. — Siméon Stylite. — Sainte Céline.

Quelques années plus tard l'église étant achevée, Geneviève, qui passait toute la nuit du samedi en prières, partit au chant du coq pour se rendre à la basilique ; la nuit était sans étoiles, la pluie tombait avec violence et le vent éteignit le cierge qui éclairait le petit cortège ; les jeunes filles qui accompagnent la sainte se troublent, s'effrayent de l'obscurité ; Geneviève les calme et demande le cierge ; à peine a-t-il touché sa main qu'il se rallume de lui-même pour durer, malgré la tempête, jusqu'à la basilique où il se consuma.

Les historiens de la sainte rapportent que la même chose lui arriva maintes fois dans sa cellule ; aussi des malades emportèrent-ils souvent de cette cire bénie, dont le contact les guérissait.

Une femme osa voler un jour les chaussures de Geneviève : elle perdit la vue en rentrant chez elle. Touchée de componction, elle se fit conduire auprès de la sainte, embrassa ses genoux et lui demanda son pardon. La sainte ne pouvait le refuser; pleine de bonté, elle releva la coupable, fit le signe de la croix et lui rendit la vue.

Geneviève fit un voyage à Lyon; le bruit de son arrivée s'y étant répandu, la foule sortit au-devant d'elle aux portes de la ville. Les parents d'une jeune fille paralysée depuis neuf ans supplièrent sainte Geneviève de guérir leur enfant; la sainte se rendit à leur demeure, pria près de la malade et sur-le-champ lui ordonna de se lever et de se vêtir elle-même. La jeune fille obéit et vint à l'église avec tout le peuple qui ne cessait de publier les louanges de Dieu.

L'ascendant de l'humble vierge se faisait sentir à tous. Childéric, le fier roi des Francs, la vénérait tellement qu'il ne savait rien lui refuser. Redoutant son influence au moment où il allait faire exécuter des prisonniers de guerre, il sortit de la ville secrètement et ordonna qu'on fermât les portes derrière lui. Geneviève, avertie par un messager fidèle, suit l'elan de sa charité, se hâte, traverse la ville et arrive aux remparts; mais les portes sont fermées ; la sainte les touche du doigt, elles s'ouvrent devant elle. Geneviève s'attache aux pas de Childéric, l'atteint, le supplie au nom des infortunés qui vont périr, et le roi se laisse toucher une fois de plus.

Tandis que la vierge de Nanterre édifiait la Gaule par ses vertus, l'Asie vénérait un moine à qui les mortifications du cloître n'avaient pu suffire et qui vivait seul sur le haut d'une colonne, exposé ainsi à toutes les intempéries des saisons ; c'était saint Siméon Stylite. Ce courageux serviteur de Dieu connut par une révélation céleste l'existence de Geneviève et le degré de sainteté où elle était parvenue. Aussi, quand au pied de sa colonne il apercevait parmi ses auditeurs quelques marchands des Gaules, il demandait avec empressement si « la Prophétesse » vivait encore, et il se faisait recommander à ses prières. C'est ainsi que les rivages lointains de la Syrie envoyaient des messages à la petite île de la Seine où Geneviève s'étonnait d'apprendre que l'écho de son nom se répétât au delà des mers.

Le diocèse de Meaux doit à notre patronne l'une de ses saintes les plus célèbres : une jeune fille nommé Céline avait fait vœu de se consacrer au Seigneur ; cependant elle était fiancée par la volonté de ses parents et le jour de ses noces approchait, lorsque désespérant du secours des hommes, elle vint se réfugier auprès de Geneviève, la conjurant de la revêtir du voile des vierges. Mais voici que son fiancé l'a suivie ; pour échapper à ses actives recherches, Geneviève entraîne sa jeune compagne dans le baptistère dont les portes se referment sur elles. Quelques jours plus tard,

Céline, laissée libre, se vouait à Dieu dans la ville qui conserve encore son souvenir.

Geneviève séjourna d'ailleurs plusieurs fois à Meaux, elle y opéra des miracles : un homme dont la main et le bras étaient desséchés la pria de le guérir ; la sainte fit le signe de la croix sur le membre malade et l'infirme en recouvra l'usage.

Un été, durant la moisson, les riches campagnes meldoises étaient couvertes de gerbes épaisses, lorsqu'une trombe menaça de détruire la récolte ; les moissonneurs épouvantés regardaient avec désolation le ciel qui s'assombrissait de plus en plus. Geneviève, touchée de leurs inquiétudes, prie ardemment et obtient que la pluie tombe autour des champs sans qu'une seule goutte d'eau mouillât ni les moissonneurs ni les blés. Aussi, persuadé que Dieu ne refusait rien à sa servante, un fonctionnaire de la ville fit tout exprès le voyage de Meaux à Lutèce pour être délivré d'une surdité qui l'affligeait depuis quatre ans.

Geneviève le guérit par le seul contact de sa main.

Un jeune enfant, qui n'était encore que catéchumène, tomba par mégarde dans un puits et resta trois heures dans l'eau. Sa mère tout en larmes apporta le petit cadavre à Geneviève qui le couvrit de son manteau, se mit en prières et ne cessa de pleurer jusqu'à ce que l'enfant se fût ranimé. La veille de Pâques, quand on le baptisa, le jeune néophyte reçut le nom de Cellomerus, parce qu'il était ressuscité dans la cellule même de Geneviève.

Depuis le jour de l'Epiphanie jusqu'au Jeudi-Saint, notre pieuse héroïne se cloîtrait dans sa demeure pour y vivre toute à Dieu au milieu du silence et de la retraite. Une femme, poussée par la curiosité beaucoup plus que par le désir de s'édifier, vint jusqu'à la porte de Geneviève pour épier sa conduite : elle perdit la vue avant d'avoir rien observé. Ce fut la sainte, qui, le carême écoulé, sortit de sa cellule et guérit la curieuse.

MÉDITATION

De la connaissance de soi-même.

Pour se convertir ou devenir meilleur, il faut se connaître.

Comment avoir même la pensée de changer quand on ne connait pas ses défauts?

Rien n'est plus nuisible au salut que de ne se point connaitre.

1° Parce qu'on s'expose à mille occasions de chute qu'on éviterait si l'on se connaissait.

2° Parce que ce défaut de connaissance empêche qu'on ne fasse des actes de contrition et qu'on demande pardon de ses péchés.

On arrive à cette connaissance de soi-même.

1° En demandant à Dieu sa lumière.

2° En s'examinant sérieusement soi-même avec le même soin que si l'on croyait mourir au jour présent.

3° En écoutant les conseils ou les reproches de ceux que nous aimons davantage; il est d'expérience que les autres nous connaissent mieux que nous ne nous connaissons nous-mêmes.

4° En nous demandant ce que Dieu

pense de notre conduite, car la question n'est pas de savoir si l'on est content de soi, mais si Dieu est content de nous.

Voulons-nous savoir si Dieu est content de nous, demandons-nous simplement : si je mourais en ce moment, Dieu m'accorderait-il la gloire du paradis?... C'est en face de nos fins dernières qu'il faut se mettre, pour bien apprendre à se connaitre et juger sagement de nous mêmes et de notre vertu.

Récitez les *Litanies* page 9, et la *Prière*, page 61.

SEPTIÈME JOUR

Sainte Geneviève sauve Paris de la famine

Nous avons déjà vu le courage et l'énergie de Geneviève, lorsque, inébranlable au milieu de ses concitoyens affolés, elle sut, au péril de sa vie, les retenir à l'heure de la fuite et sauver Lutèce d'une ruine probable.

Maintenant, ce n'est plus seulement le bruit des armes qui désole la cité, c'est la famine avec toutes ses horreurs. Geneviève ne peut voir cette infortune nouvelle sans essayer de la secourir ; et, sans crainte pour sa faiblesse, elle rassemble une petite flotte qu'elle même dirige vers les plaines de l'Aube pour en rapporter des vivres.

Tandis qu'elle naviguait sur la Seine, elle remarqua un arbre qui causait de fréquents naufrages ; elle ordonna aux mariniers d'aborder et de couper cet arbre. A peine l'avait-on frappé de quelques coups de hache qu'il se déracina spontanément. En même temps, deux monstres aux couleurs étranges s'échappèrent de ce lieu, en répandant une fétide odeur. A dater de ce jour, le passage devint facile et l'on n'y vit plus de naufrages.

Geneviève ne voyageait pas sans que le bruit de ses vertus l'eût précédée : les malades l'attendaient au passage, les populations se pressaient sur ses pas. Comme elle débarquait à Arcis, un tribun vint à elle pour la prier de sauver sa femme retenue depuis longtemps par une paralysie. Les vieillards de la ville, les principaux citoyens unirent leurs supplications à celles de l'officier. Geneviève, toujours disposée à faire le bien, se rendit au lit de la malade et, suivant sa coutume, se mit en prières ; son oraison achevée elle invita la jeune femme à se lever ; celle-ci le fit aussitôt, elle était guérie. Le peuple manifesta sa joie et publia le miracle en rendant gloire à Dieu.

A Troyes, la sainte rendit la vue à un homme puni d'avoir travaillé le Dimanche ; elle guérit un enfant que la fièvre dévorait. La foule enthousiasmée, remplie d'une foi ardente, coupait les franges du manteau de Geneviève et les emportait comme de précieuses reliques ; plusieurs malades furent rendus à la santé par leur seul attouchement. Le jour où Geneviève partit d'Arcis pour regagner Lutèce, une femme marchait près d'elle le visage rayonnant, le cœur pénétré d'amour et de reconnaissance ; c'était la femme du tribun. Elle accompagna sa libératrice jusqu'aux bords du fleuve et la nef qui emportait Geneviève glissait au loin, que la miraculée suivait encore d'un regard ému le sillage tracé sur les flots.

L'étroitesse des cours d'eau, leurs lits hérissés de rocs, leurs rives incultes couvertes de bois épais, rendaient la navigation difficile quand, au milieu d'une route déjà laborieuse, le vent souffla si violemment que les provisions se renversèrent toutes d'un côté et que l'eau envahit les embarcations. Le danger était imminent ; non seulement la vie des passagers était menacée, mais les vivres acquis au prix de tant de peines allaient être perdus. Geneviève lève au ciel des mains suppliantes, implore le secours de Jésus et la tempête s'apaise ; les onze barques de la flotte se redressent pour reprendre bientôt leur marche régulière.

Les compagnons de Geneviève que la crainte avait terrifiés, entonnèrent joyeux un chant d'actions de grâces : Le Seigneur, disaient-ils avec le psalmiste, s'est fait notre appui, notre libérateur ; c'est lui qui nous a sauvés !

De retour à Lutèce, Geneviève se livra sans réserve au soulagement de ses frères ; sa demeure était devenue le centre où la population, fatiguée de souffrir, se portait avec empressement. Geneviève partageait elle-même le pain qu'elle distribuait : mais lorsqu'un affamé se présentait à elle, pâle, amaigri, sans forces ; touchée de compassion elle lui donnait un pain tout entier. Elle faisait mieux encore : elle enlevait secrètement du four la plus grande partie des pains qu'on faisait cuire, et, sans attendre leur parfaite cuisson, elle les donnait aux indigents, et lorsque les jeunes compagnes de la sainte venaient ensuite au four, elles trouvaient le nombre des pains considérablement diminué. Et tandis qu'elles cherchaient la portion disparue, les protégés de Geneviève se répandaient dans les rues de la cité, portant leurs pains encore brûlants et bénissant leur bienfaitrice : Leur reconnaissance trahissait la coupable et le mystère s'expliquait.

Le modeste patrimoine auquel Geneviève ne touchait jamais pour elle-même devenait ainsi la ressource de toute une ville : la biographie de la sainte nous fait remarquer à ce propos qu'elle mettait son espérance, non dans les biens de ce monde, mais dans les joies de l'éternité puisqu'elle avait compris cette parole du proverbe : « Qui donne aux pauvres prête à Dieu. » On dit qu'elle avait vu plusieurs fois en esprit, la patrie céleste où ses trésors s'accumulaient ; aussi le souvenir du ciel rendait pénible son pèlerinage ici-bas et elle pleurait souvent d'être retenue si longtemps dans les liens du corps.

MÉDITATION

Esprit de foi. — Agir pour Dieu.

Sainte Geneviève pendant tout le cours de sa vie n'a recherché que ce qui pouvait le plus contribuer à la gloire de Dieu et à la sanctification de son âme. « Cherchez d'abord le royaume de Dieu et tout le reste vous arrivera par surcroit. » Ces paroles de l'Evangile ont eu leur réalisation complète en sainte Geneviève; et c'est parce que nous ne suivons pas cet ordre que nos prières sont si peu exaucées et notre vie si misérable. « Prends mes intérêts, » disait un jour Notre-Seigneur à sainte Thérèse, « je prendrai les tiens. » Nous ne prenons pas les intérêts de Dieu, il ne prend pas les nôtres. Ah! si nous agissions par esprit de foi, comme toutes nos actions seraient bénies !

Ce que nous disons ici pour nous, nous pouvons le dire pour les nôtres. Pourquoi notre famille n'est-elle pas plus bénie de Dieu? c'est que nous ne prenons pas assez les intérêts de Dieu vis à vis de ceux qui la composent. Si un père et une mère, par exemple, prenaient davantage les intérêts de Dieu vis à vis de leurs enfants au moment de leur établissement et dans la suite de leur vie, ces enfants seraient plus bénis du ciel, car il est écrit : *la famille des Justes est bénie, et Dieu abaisse ses regards sur ceux qui le craignent.* »

Récitez les *Litanies*, page 9, et la *Prière* page 61.

HUITIÈME JOUR

Sainte Geneviève à Orléans et à Tours. — Autres miracles

Cependant Dieu consolait son exil par des faveurs toujours plus grandes ; les démons lui étaient soumis et la mort elle-même lui rendait ses victimes.

Geneviève venait d'entrer à Orléans lorsqu'une mère de famille, Fraterna, qui pleurait près du lit de mort de sa fille, courut se jeter aux pieds de la sainte qui priait dans la cathédrale de Saint-Aignan : « ma fille n'est plus s'écrie-t-elle, rendez-moi ma Claudia ! » Geneviève, touchée de compassion, la relève. «Allez, lui répondit-elle, votre fille est pleine de vie», Fraterna jette un cri ému et entraîne la sainte jusqu'à sa demeure : la jeune fille les y attendait debout et se précipitait au-devant de celle qui venait de lui rendre la vie. La foule témoin du miracle faisait retentir la ville de ses acclamations enthousiastes.

Un esclave coupable allait subir un dur châtiment : Geneviève l'apprend et demande sa grâce, mais le maître est inflexible : endurci dans son orgueil, il s'obstine à ne pas pardonner. Alors Geneviève s'émeut : après s'être humiliée, elle se redresse : « Tu refuses de te rendre à mes désirs, dit-elle, mon Seigneur Jésus les exaucera, parce qu'il est clément et miséricordieux. » L'Orléanais sourit de pitié et rentre chez lui; mais à peine est-il dans son lit qu'il est pris d'une fièvre brûlante. Sa poitrine se dessèche; il est là haletant, sans repos, sans merci. A la gravité des symptômes, il comprend qu'un être plus puissant que lui l'a touché; dès que le jour paraît, en dépit de sa faiblesse, il se fait conduire auprès de Geneviève, et, prosterné à ses genoux, il réclame d'elle le pardon qu'il n'a pas voulu lui accorder la veille. Geneviève fait sur lui le signe de la croix, le délivre de ses maux et obtient à la fois la guérison du maître et la grâce de l'esclave.

D'Orléans à Tours, notre sainte courut de grands dangers sur la Loire ; des difficultés de toutes sortes lui rendirent le trajet pénible ; rien cependant ne pouvait la faire rétrograder car elle avait hâte de vénérer le tombeau de Saint-Martin. Elle touchait enfin aux portes de la ville, lorsqu'elle se vit entourée d'une multitude d'énergumènes. Les esprits impurs criaient d'une voix lamentable que la sainteté du Thaumaturge unie à celle de Geneviève augmentait leurs tourments et qu'ils brûlaient de feux terribles ; ils avouaient qu'ils étaient en grande partie la cause des périls de Geneviève sur la Loire. La sainte, étant entrée dans la basilique de Saint-Martin, délivra plusieurs possédés ; ceux-ci, délivrés de leurs tourments, racontaient qu'étant au pouvoir des démons, ils avaient vu les doigts de Geneviève brillants comme des éclairs.

Trois habitants de la ville dont les femmes avaient dû être enfermées dans leurs demeures, supplièrent Geneviève de les délivrer aussi ; elle les visita avec bonté, leur fit des onctions d'huile sainte et les guérit.

Le démon ne pouvait pas se dérober à la puissance de la sainte ; aussi les énergumènes venaient-ils de loin pour implorer le secours de Geneviève ; l'un d'entre eux arriva suppliant auprès d'elle et elle s'apprêtait à lui faire les onctions saintes, lorsqu'elle s'aperçut que son ampoule d'huile était vide. La servante de Dieu se troubla grandement, disent ses biographes, et se demandait ce qu'elle allait faire, car l'évêque qui avait béni l'huile était absent : elle se recueillit et pria afin d'obtenir le secours du ciel ; l'infortune du possédé lui faisait pitié, elle voulait le guérir. Sa prière achevée, elle se releva : l'ampoule qu'elle tenait toujours entre ses mains, était pleine d'huile. Geneviève, pénétrée de joie et de reconnaissance, oignit le possédé qui fut aussitôt délivré.

MÉDITATION

Des conversations.

Saint Jacques nous dit que celui-là est parfait qui n'offense pas Dieu dans ses paroles. Je ne puis donc terminer ma neuvaine sans m'examiner sur un point si important. Que sont ordinairement mes conversations? Si elles sont mauvaises, je fais du mal à mon âme, je fais du mal à l'âme qui m'écoute, et si je parle contre le prochain, je fais du mal à celui de qui je parle. On se fait scrupule de prendre le bien du prochain, et on ne s'en fait pas de lui dérober sa réputation. Que de réputations compromises par tout ce verbiage auquel nous ne faisons point attention! — Comment réparer ensuite le mal? On y est cependant tenu aussi strictement que de restituer ce qu'on a pris. C'est souvent très difficile — cela est vrai — raison de plus pour ne pas nous y exposer.

Je veillerai donc désormais sur ma langue, je parlerai peu et toujours avec simplicité, charité, et d'une manière à rendre la vertu aimable.

Récitez les *Litanies*, page 9, et la *Prière* page 61.

NEUVIÈME JOUR

Mort de sainte Geneviève ; miracles à son tombeau.

Les austérités de notre bienheureuse ne hâtèrent pas sa fin ; elle touchait à ses quatre-vingts ans lorsqu'elle s'endormit doucement dans le Seigneur, le troisième jour de Janvier. Sa gloire parut plus grande encore après sa mort, et son tombeau devint le but d'un pèlerinage incessant. Le roi Clovis fit jeter les fondements d'une basilique en l'honneur de celle qui avait sauvé Lutèce ; Clotilde l'acheva magnifiquement. De cet édifice, il ne reste plus que la tour du collège Henri IV, qui s'élevait à l'angle méridional du chœur.

Les prodiges qui avaient illustré la cellule de Geneviève continuèrent sur son sépulcre. L'huile même des lampes qui y brûlaient opérait des guérisons et des miracles.

Un homme muet et aveugle vint de bien loin à Lutèce dans l'espérance de recouvrer la parole et la vue; il priait avec ferveur, tandis que le clergé récitait l'office divin; au moment ou le chœur fit entendre ces paroles : *Illumina faciem tuam super servum tuum*, l'infirme fut subitement guéri. Un autre infortuné du nom de Fulconius, qui était muet de naissance, eut la confiance qu'il recevrait au tombeau de sainte Geneviève le don que la nature lui avait refusé; il arriva pendant la messe au moment où le diacre lisait ce passage de l'Evangile : « Le Seigneur a bien fait toutes choses, il a fait entendre les sourds et parler les muets. » Fulconius crut et sa langue se délia aussitôt. Après l'office, l'abbé du monastère le fit venir et l'interrogea; Fulconius, plein de reconnaissance, lui confia que ne voulant point quitter les lieux où il avait joui de la parole pour la première fois, il était résolu à entrer dans l'abbaye. Le prieur y consentit et Fulconius devint moine.

Un énergumène que sa fureur avait fait enchaîner échappa de nuit à ses gardiens et vint s'agenouiller au seuil de l'Eglise ; les portes en étaient fermées, néanmoins le démon ne pouvait séjourner aussi près de Geneviève et il abandonna sa victime. Le possédé, se sentant délivré, attendit patiemment que la basilique fût ouverte ; il y entra à l'heure des matines et déposa ses chaînes sur la pierre sépulcrale de la sainte.

Pendant des travaux qui furent exécutés dans l'Eglise, un ouvrier tomba du faîte d'un échafaudage et devait être infailliblement précipité dans le vide, lorsque ses doigts s'accrochèrent miraculeusement aux sculptures des corniches ; ses compagnons terrifiés le virent ainsi suspendu dans l'espace ; ils arrivèrent à son secours et le délivrèrent : non-seulement ses membres étaient intacts, mais encore il n'avait pas conscience du danger qu'il venait de courir et croyait être le jouet d'un songe.

Une femme qui cardait de la laine le jour de la Nativité fut punie de telle sorte que ses instruments de travail s'attachèrent à ses mains sans qu'on pût les lui arracher. Elle vint au tombeau de Geneviève et obtint du ciel la rémission de sa faute : longtemps après on voyait encore les cardes suspendues dans l'église comme un témoignage du miracle.

La Seine, enflée par les pluies de l'hiver et par la fonte des neiges, déborda de telle façon que Paris tout entier fut inondé ; les habitants avaient dû quitter leurs demeures, le clergé lui-même avait émigré dans les campagnes environnantes : c'était un triste spectacle que celui de cette cité déserte envahie par les eaux ; à la vue de tant de familles errant sans foyer, l'Évêque de Paris craignit que les péchés de son peuple ne fussent la cause du fléau ; il engagea donc les fidèles à fléchir le courroux du Seigneur par des jeûnes et des prières ; en même temps il ordonna au clergé de chaque paroisse de se rendre, s'il était possible, dans les églises de la ville, pour y offrir le Saint sacrifice de la messe. Un jeune prêtre, nommé

Richard, monta dans une barque et parvint jusqu'à un monastère situé près de l'église Saint Jean-Baptiste; les religieuses y conservaient le lit où sainte Geneviève était morte; cette précieuse relique les avait protégées, l'eau entourait le couvent, mais bien que s'élevant à une grande hauteur, elle se maintenait à distance et ne mouillait pas les murs. Le prêtre Richard publia ce fait surprenant; l'évêque Richaldus vint lui-même au monastère et constata la merveille. A dater de ce jour, la Seine regagna son lit et reprit un cours régulier.

La possession du corps de sainte Geneviève était regardée comme l'honneur et la sauvegarde de Paris; lorsque les Normands ravagèrent la contrée, les moines de l'abbaye résolurent de soustraire les saintes reliques à la profanation des ennemis et transportèrent la châsse dans un de leurs domaines éloigné de la ville. De halte en halte, la foule rendait honneur au corps de sainte Geneviève; l'abbé d'un monastère où les reliques séjournèrent une nuit ne pouvant se résigner à rendre ce trésor sans en garder une partie, enleva secrètement une des dents de la sainte; mais, à dater de ce jour il fut accablé de maux de toute espèce. Comprenant qu'il avait péché, il fit placer la dent au milieu d'un riche reliquaire et la restitua. Lorsque la paix fut rendue au royaume, la sainte dépouille reprit à Paris sa place accoutumée. Les fidèles s'empressèrent alors autour d'elle en si grand nombre que pendant longtemps on dut l'exposer, non dans la crypte, mais sur l'autel même des saints apôtres.

Un frère du couvent gardait une nuit les abeilles ; accablé de sommeil, il s'endormit ; quand il s'éveilla, il avait perdu la vue. Il fit alors deux cierges qu'il porta au tombeau de la glorieuse Vierge : lui-même s'y rendait souvent pour prier. Un soir que son oraison s'était prolongée jusqu'à la nuit, il crut sentir quelqu'un qui passait près de lui et qui, l'ayant effleuré, toucha ses paupières et passa outre. Il pensa que c'était l'un de ses frères, ne comprenant pas le bienfait de celui dont il est dit : « Il a passé en faisant le bien. » Mais lorsque le jour parut, l'aveugle le vit poindre ; adorant alors la main divine qui l'avait guéri, il se rendit à l'office et rendit grâces à Dieu.

Une seconde fois les reliques de la Sainte furent soustraites aux hasards de la guerre et de nouveau sur son passage les morts ressuscitèrent, les prisonniers virent leurs liens se rompre, les malades revinrent à la santé. La Brie, touchée des miracles de Geneviève, en conserva pieusement le souvenir, et dans une gracieuse église des bords de l'Ourcq, on peut voir une riche verrière qui représente la châsse de notre sainte Patronne, portée en grande pompe au milieu des campagnes.

Trois fois par an jusqu'aux jours désastreux de la révolution, la France célébra solennellement la mémoire de sainte Geneviève : c'était d'abord le trois janvier, date de sa mort ; le

29 octobre en l'honneur de sa translation; enfin le 26 novembre par ordre du pape Innocent II, afin de ne jamais oublier le miracle *des Ardents*.

MÉDITATION

De la persévérance.

A l'exemple de sainte Geneviève, je dois persévérer, — mettre en pratique les bonnes résolutions que j'ai prises. La persévérance, la constance est souvent à elle seule une mortification très grande. — Je veux me sauver, et Jésus-Christ me dit que celui-là seul sera sauvé qui aura persévéré jusqu'à la fin. Qu'est-ce qui peut m'arrêter? la perspective d'une longue vie d'efforts? Je ne sais pas si ma vie sera longue; dans huit jours, demain peut-être Dieu m'appellera à lui. Et alors quels regrets de n'avoir pas su m'imposer ces efforts! de n'avoir pas eu le courage de persévérer! n'ai-je pas la grâce qui viendra soutenir ma faiblesse? Je vais donc aujourd'hui demander à sainte Geneviève la grâce de la persévérance. Je me répèterai souvent à moi-même cette parole : « celui-là seul sera sauvé qui aura persévéré. »

O grande sainte Geneviève, je ne finirai pas cette neuvaine sans me mettre sous votre puissante protection. Bénissez-moi. Bénissez ma famille, mes amis, tous ceux pour qui je dois prier. Bénissez les maisons que nous habitons. Eloignez de nous les périls qui nous menacent. Obtenez-nous la grâce de vivre et mourir dans l'amitié de Dieu, et d'avoir un jour le bonheur de vous retrouver au ciel pour louer à jamais ce grand Dieu qui nous a créés et rachetés sur la croix. Ainsi soit-il.

Récitez les *Litanies*, page 9, et la *Prière* page 61.

PRIÈRE

QUI SE RÉCITE A LA FIN DES RÉUNIONS DE L'INSTITUT AU TOMBEAU DE LA SAINTE

Sainte Geneviève, patronne de Paris et de la France, nous venons renouveler à vos pieds l'hommage de notre vénération, de notre reconnaissance et de notre confiance; nous venons vous remercier de la protection dont, depuis tant de siècles, vous donnez des preuves si éclatantes à Paris et à la France; nous voulons, par la propagation et l'éclat de votre culte, réparer les outrages que vos reliques vénérées y ont soufferts et l'affaiblissement de votre souvenir dans les cœurs; nous venons appeler chaque jours par votre intercession, les bénédictions, de Dieu sur notre patrie et sur cette ville; enfin, au nom de tous les cœurs chrétiens et français, nous confions de nouveau à votre bonté et plaçons sous votre sauvegarde les intérêts de la religion, de la société, de nos familles. Bénissez-nous, bénissez nos familles, bénissez cet Institut; bénissez la France, bénissez l'Eglise; obtenez-nous à tous la grâce de vous suivre dans la voie du ciel, où vous avez marché avec tant de courage, et, un jour, de nous y trouver réunis avec vous et près de vous dans la gloire du Père, du Fils et du Saint-Esprit. Ainsi soit-il.

SANCTA GENOVEFA
URBIS ET GALLIÆ PATRONA
ORA PRO NOBIS

SAINTE GENEVIÈVE
PATRONNE DE PARIS ET DE LA FRANCE
PRIEZ POUR NOUS

TABLE

E. de Soye et Fils, imp., pl. du Panthéon, 5.

www.ingramcontent.com/pod-product-compliance
Ingram Content Group UK Ltd.
Pitfield, Milton Keynes, MK11 3LW, UK
UKHW022131260726
13993UKWH00003B/1372